Dr. med. Claudia Croos-Müller

Nur Mut!
Das kleine Überlebensbuch

Soforthilfe bei Herzklopfen, Angst, Panik & Co.

Mit Illustrationen von Kai Pannen

KÖSEL

12 ½ Soforthilfe-Übungen für Gelassenheit und Mut

In diesem Buch findest du folgende Übungen:

1. Hände in die Hüften stemmen

2. Schnauben

3. Die Wirbelsäule spüren

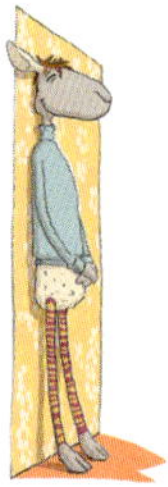

4. Schnäuzen

5. Duft atmen

6. Auf einem Bein stehen

7. Mit den Fingern schnippen

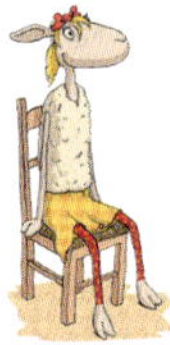

8. Licht an und Augen auf

9. Breitbeinig gehen

10. Handwechsel – Seitenwechsel

11. Trommeln

12. Die Zunge bewegen

12 ½ Brust reiben/klopfen

Warum dir die Übungen helfen

Die Übungen sind ganz leicht. Die kannst du wirklich sofort.
Aber da ist noch etwas anderes:
Die Übungen sind wie eine Zauberformel:
Sie verhelfen dir zu mehr Ruhe in deinen Gedanken und Gefühlen. Besonders bei Angst, Herzklopfen, Panik und ähnlichen lästigen Zuständen.

- Über diese kleinen Körperübungen kannst du deine Emotionen sofort beeinflussen.
- Durch regelmäßiges Üben kommt es zu einer nachhaltigen Stabilisierung deiner Emotionen.
- Die Übungen sind ein Schlüssel, der die Gefängnistür – die Angstblockaden – öffnen kann.

Und endlich kannst du deine Fähigkeiten leben. Hurra!

Angst ist wie ein Gefängnis: Alles ist darin eingeschlossen – deine Freude, dein Denken und dein Handeln. Angst blockiert alles in deinem Kopf.

Das muss nicht so bleiben!
Das kannst du definitiv besser!

12 ½ Übungen (oder 2 x 6 + ½ oder 10 + 2 + ½) mit der BODY 2 BRAIN CCM® Methode

1: Das bedeutet: Alles, die Einheit.
2: Das ist Yin und Yang.
6: Die Zahl für die Daseins-Bereiche.
10: Die Nummer des Spielmachers beim Fußball.
12: Die Anzahl deiner Hirnnerven (du wirst noch sehen, wie hilfreich die sind).
12: Die Anzahl der Monate (jeden Monat eine Übung) oder für jede Stunde tagsüber eine Übung.
½: Ein kleiner Pausensnack.

► Auf jeden Fall eignen sich die Übungen immer dann, wenn Panik droht, sich Angst ankündigt oder du mutlos wirst.

Die BODY 2 BRAIN CCM® Methode – Körperübungen für das Gehirn

- Über den Körper (Body) kommen Informationen ins Gehirn (Brain).
- Dein Körper kann dein Gehirn mit neuen Informationen auf neue Ideen bringen.
- Neue Ideen im Gehirn verändern alte Verhaltensmuster.
- Neue Ideen bringen Schwung in dein Leben.

Ein starkes Team für dich: 12 ½ Übungen mit Oscar und Emily

Zugegeben: Üben ist manchmal mühselig und langweilig. Und allein üben ist besonders langweilig.
Deshalb gibt es Oscar und Emily. Zwei Schafe, die gut drauf sind.
Oscar kennst du vielleicht schon aus dem Buch *Kopf hoch*. Er ist das Gute-Laune-Schaf. Er kennt jede Menge BODY 2 BRAIN CCM® Übungen, auch solche, die gegen Herzklopfen gut sind.
Und Emily ist Expertin in Sachen Lebensmut und Selbstvertrauen.
Ein starkes Team. Angst haben die beiden nicht, und Panik erst recht nicht.
Wie die das machen? Sie üben, was das Zeug hält. Und haben soooo viel Spaß dabei!
Mach einfach mit!

Wie du dieses Buch (be)nützen kannst

Du kannst das Buch kaufen, um anderen eine Freude zu machen. Das ist gut.
Du kannst das Buch auch für dich kaufen.
Das ist noch besser.
Du kannst es vor allem sofort lesen und mit dem Üben anfangen. Das ist das Allerbeste. Schon beim Lesen werden in deinem Gehirn neue Ideen entstehen, neue Sichtweisen und dadurch veränderte Verhaltensweisen. Jedes gelesene Wort ist eine Information, die durch deine Neuronen hindurchrast, sich mit vielen anderen, bereits abgespeicherten Informationen austauscht und dadurch zu Reaktionen und Emotionen führt.

- Die Übungen kannst du immer machen:
- im Stehen, im Sitzen und im Gehen,
- tagsüber und nachts im Bett,
- im Büro und im Auto,
- allein oder unter vielen Menschen.
- Du brauchst dafür keinen Arzttermin
- und kein Abo im Fitnessstudio.
- Du brauchst nicht mal Zeit – die Übungen gehen fast nebenbei.
- Du brauchst nur deinen Körper und dein Gehirn (und die beiden hast du ja, sonst könntest du jetzt nämlich gar nicht diese Zeilen lesen).

Manchmal wirst du in diesem Buch dieses Zeichen * finden. Es soll dich an andere Übungen von Oscar in unserem Buch *Kopf hoch* erinnern, die du bei dieser Gelegenheit auch mal wieder machen könntest.

Warum du dieses Buch (be)nützen sollst

Angst schränkt dein Denken ein und plötzlich siehst du Probleme, wo du ohne Angst oder Herzklopfen ganz zuversichtlich wärst und klar denken könntest. Wenn es ganz dick kommt, hast du irgendwann sogar Angst vor der Angst – und du denkst immer daran (denn zwischen Angst und Gedächtnis gibt es eine enge Verbindung). Durch die Körperübungen kannst du aber auf Angst, Panik, Herzklopfen und alle anderen lästigen Begleiterscheinungen Einfluss nehmen.

- Jede der Übungen hat eine positive Wirkung.
- Du kannst den Weg jeder Übung vom Körper ins Gehirn nachvollziehen und voller Begeisterung die Wirkung auf deine Emotionen feststellen.
- Du kannst deine Emotionen steuern.
- Du kannst auf deine Schaltkreise im Gehirn Einfluss nehmen.

Wie Körper, Gehirn und Gefühle miteinander vernetzt sind

Dein Nervensystem besteht aus mehreren Betriebssystemen: dem zentralen Nervensystem mit Gehirn und Rückenmark, dem peripheren Nervensystem, dem somatischen Nervensystem (zuständig für Empfindung, Bewegung, Riechen, Hören, Sehen, Sprechen), dem vegetativen/autonomen Nervensystem (zuständig für alle Abläufe im Körperinneren, Blutdruck, Herzfrequenz – du kannst es nicht direkt (!) steuern).

► Aber: Durch bestimmte Übungen kannst du auf dieses Nervensystem über Umwege Einfluss nehmen.

Die Schaltzentrale für diese Nerven-Betriebssysteme ist dein Gehirn mit verschiedenen Abteilungen, die alle (!) untereinander vernetzt sind. Eine davon ist das Zwischenhirn, dein emotionales Machtzentrum.

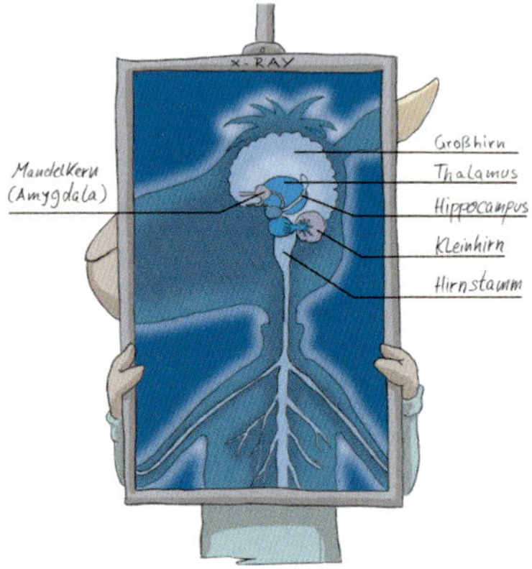

Gefühle entstehen im Kopf

Unbedingt bekannt machen möchte ich dich mit deiner Amygdala/deinem Mandelkern, der im Zwischenhirn sitzt. Hier werden auch die Stimmungshormone Dopamin und Serotonin gebildet.

Dein Mandelkern reagiert schon auf Gefahrenreize, bevor du überhaupt weißt, was los ist. Er ist immer auf dem Sprung und dadurch arbeitet er manchmal etwas voreilig oder sogar falsch. Das ist auch der Grund, warum du manchmal zuerst Angst hast und erst danach merkst, dass sie völlig überflüssig war.

Warum Gefühle immer da sind

Jedes Erlebnis wird im Gehirn verarbeitet und abgespeichert. Jedes Nachdenken und Handeln hat im Gehirn seinen Ausgangspunkt.

Jede Hirntätigkeit ist immer mit einem Gefühl verbunden.

Beispiel: Du gehst die Straße entlang und hörst einen Vogel singen. In diesem Augenblick freust du dich. Oder du gehst die gleiche Straße entlang und es beginnt zu regnen – du ärgerst dich.

Eine Handlung ohne Gefühl (und wenn es noch so winzig ist) ist nicht möglich, denn alle Funktionseinheiten im Gehirn sind durch unendlich viele Nervenfasern miteinander verknüpft und arbeiten dadurch immer zusammen.

Mal hat der emotionale Bereich die Oberhand, mal der Handlungsbereich. Aber einander ausschalten: Das geht nie.

Und deshalb sind dein Denken und deine Erlebnisse auch immer von irgendwelchen Gefühlen oder Stimmungen beeinflusst.

Manchmal ist das gar kein Problem, aber manchmal kann das richtig lästig sein. Nämlich dann, wenn plötzlich Angst, Panik und Herzklopfen in deinem Gehirn die Herrschaft übernehmen.

Wie Panik entsteht

Panik ist ein intensiver Angstzustand. Aus heiterem Himmel kommt sie ohne Vorwarnung daher. Die Neuronentätigkeit im Mandelkern explodiert dabei geradezu und steckt viele andere Neuronen im Gehirn an. Es werden Stresshormone ausgeschüttet – ein emotionaler Flächenbrand.
Die Folge: Herzklopfen, Schweißausbruch, Übelkeit, das Gefühl, ohnmächtig zu werden, Zittern, Atemnot – in Sekundenschnelle. Aber du hast keinen Herzinfarkt, du musst nicht sterben, du wirst auch nicht verrückt – nur dein Mandelkern spielt ein bisschen verrückt. Vielleicht nur fünf Minuten, vielleicht ein paar Stunden, vielleicht nur einmal im Monat, vielleicht aber auch fünfmal am Tag. Und das wäre dann wirklich schlecht, denn dann ist dein Mandelkern ein kleiner, aber mächtiger Tyrann in deinem Kopf – und in deinem Leben.

Warum du Angst und Panik stoppen solltest
Ständige Angstzustände und Panikanfälle sind anstrengend. Das Allerschlimmste: Sie sind ein negatives Training für dein Gehirn.
In der Kernspintomografie sieht man, dass die Gehirnareale für Angst und Panik immer größer und immer aktiver werden. Das Ergebnis: Irgendwann sitzt du als zitterndes Häufchen Elend da und kannst dich selber nicht mehr leiden vor lauter Lebensangst.
Du denkst, jetzt kann nur noch ein Wunder helfen oder wenigstens der Doktor oder Tabletten? Na ja, vielleicht.
Du selbst hast das Zeug zum Wunderdoktor.

Wie dein Körper die Gefühle im Kopf steuern kann

In deinem Kopf gibt es nicht nur diesen Mandelkern und seine Reaktionen.
Es gibt jede Menge Anti-Angst-Zentren:

- Deine Augen und die Sehnerven helfen dir beim Durchblick.
- Deine Ohren und die Hörnerven helfen dir, dich zu orientieren.
- Dein Kleinhirn verhilft dir zum Gleichgewicht, körperlich, aber auch emotional.
- Der Geruchssinn hilft nicht nur vielen Tieren, sich zurechtzufinden. Auch dir kann er gute Dienste leisten, um Kontrolle über Angstgefühle zu bekommen.
- Bewegungen mit Händen, Füßen und Gesicht sind so mächtig und wirkungsvoll, dass sie im Gehirn die Oberhand über die Emotionszentren gewinnen.
- Körperberührungen trösten und beruhigen deine Emotionszentren.

Mit ein bisschen Neuroanatomie und Taktik wirst du erfolgreicher Coach für den richtigen Umgang mit Angst, Panik und Co.

Ein bisschen Angst ist lebenswichtig, um in gefährlichen Situationen schnell davonlaufen zu können oder sich zu verstecken.
Die richtige Angst ist wertvoll.
Wir reden hier aber von der falschen Angst, von der, die ein Lebensverhinderer ist. Gegen die gibt es nachfolgend gute Rezepte, kostenlos und nebenwirkungsfrei.

Übung 1

Hände in die Hüften stemmen

Einfacher geht es fast nicht mehr: Hebe ein bisschen deine Arme und stütze deine Hände rechts und links kräftig auf deine beiden Hüftknochen (wenn du breite Hüften hast: umso besser).
Du kannst dabei das ganze Gewicht deines Oberkörpers über die Arme und über die Hände auf deine Hüften geben.
Das Gewicht geht dann über das Becken, die Beine und die Füße in den Boden.
Hände in die Hüften stemmen ist eigentlich immer und überall möglich: im Stehen sowieso, aber auch im Sitzen und sogar im Liegen.

Hände in die Hüfte stemmen ist eine echte Mut-Haltung.

Warum »Hände in die Hüften stemmen« hilft

Wenn du deine Arme und Hände bewegst, beschäftigst du dein Großhirn. Vor allem die Hände, die mit dem Aufsuchen und Aufstützen auf den Hüftknochen beschäftigt sind, beanspruchen viel Kapazität im sogenannten motorischen Bereich der Hirnrinde. Wenn sie dann einen festen Haltepunkt gefunden haben, signalisieren sie »Stabilität« an das Gehirn. Das wiederum wird weitergeleitet zu den Emotionszentren und sorgt dort auch für emotionale Stabilität.
Durch die Haltung der Arme hast du auch insgesamt eine etwas andere Körperhaltung: Die Ellbogen stehen etwas nach außen, du wirst dadurch breiter und kannst besser das Gleichgewicht halten (Akrobaten machen das auch so).
Auch dein Brustkorb dehnt sich, mit dem Effekt, dass du etwas besser und tiefer atmen kannst.

Deine Wirbelsäule streckt sich, das macht dich größer (deine Bandscheiben freuen sich auch über den Effekt).
Es sind also viele sehr positive Signale, die dadurch im Gehirn ankommen. Herzklopfen, Atemlosigkeit, Engegefühl in der Brust und alles, was mit Angst und Panik zusammenhängt, werden durch diese Mut-Haltung beruhigt.

In Kombination mit den Übungen »Breitbeinig stehen«* und/oder »Kopf hoch«* ergibt sich körperlich, mental und emotional:

- Ich bin groß und breit und kann nicht umfallen.
- Mir kann nichts geschehen.
- Ich bin ein Fels.

Übung 2

Schnauben

Pferde können so wunderbar schnauben. Wir hören das gerne, es ist ein starkes Geräusch.
Probier es doch selber mal: schnauben.
Du musst dazu die Lippen und die Kiefer etwas locker lassen.
Dann lass deine Ausatemluft heraus-blubbern:
Bbbbb-bbb-rrrrr!
Bbbbb-bbb-rrrr!
Pferde machen das, um Spannung abzulassen.
Der Reiter nennt das »abschnauben«.
Mit ein wenig Übung kannst du das auch: kräftig schnauben, um Spannung abzulassen.
Statt Nervosität und Herzklopfen: im Auto, an deinem Schreibtisch vor einem Telefonat, auf den Weg zu einer Besprechung – schnauben.
Mal kurz: bbrr, bbrr! Mal lang:
Bbbbb-bbb-rrrr!

(Eine Übung von Julie Henderson)

Der Mundbereich und alle Funktionen des Mundes nehmen im Großhirn großen Raum ein. Wenn du also mit deinem Mund außergewöhnliche Übungen machst, dann ist dein Großhirn sehr damit beschäftigt, diese Mundbewegungen richtig auszuführen und andere Gehirnbereiche, in denen gerade vielleicht »Angst, Angst, Angst« ablaufen will, werden unterdrückt.

> Die muskulären Lockerungsübungen in deinem Gesicht führen zu mentalen Lockerungsübungen in deinem Gehirn.

Schnauben hat noch einen anderen großen Vorteil: Du entspannst dabei deine Lippen, deinen Ober- und deinen Unterkiefer. Diese Entspannungssignale werden weitergeleitet an die Gehirnareale, die auch für emotionale Spannung/Entspannung zuständig sind.

Und das wiederum wird durch die Nervenvernetzungen weitergegeben an die Zentren der Angst und Panik – und auch diese werden dadurch beruhigt.

- Schnaub Angst und Panik einfach weg.
- Richtig super wird es, wenn du Schnauben und Schlürfatmen* kombinierst.

Schnauben wirkt wie ein Booster für deine Lippen und deine Nerven.

Übung 3

Die Wirbelsäule spüren

Es gibt viele Möglichkeiten, deine Wirbelsäule zu spüren.
Du kannst dich mit deinem Rücken an eine Wand lehnen. Oder an einen Türrahmen. Oder an einen Baum (Natur tut immer gut).
Jedenfalls solltest du es so machen, dass du deine Wirbelsäule von ganz oben, vom ersten Halswirbel, auf dem dein Kopf ruht, bis hinunter zum letzten Wirbel des Steißbeins spüren kannst.
Dazu musst du dich etwas drehen und wenden und biegen: Jeder Wirbelkörper sollte sich einmal anlehnen dürfen.
Es geht auch im Sitzen, indem du dich mit dem Rücken an die Stuhllehne (oder deinen Autositz) lehnst.
Egal, wie groß oder wie klein du bist: Deine Wirbelsäule besteht aus 34 Wirbelkörpern: sieben in der Halswirbelsäule, zwölf in der Brustwirbelsäule, fünf in der Lendenwirbelsäule und der Rest gehört zum Kreuzbein und zum Steißbein.
Die solltest du irgendwann und irgendwie endlich mal alle gemeinsam in voller Länge und voller Festigkeit spüren.
Und dann weißt du:
Das hält. Bombenfest!

Warum »Die Wirbelsäule spüren« hilft

Deine Wirbelsäule ist das zentrale tragende Konstruktionselement deines Körpers. Sie ist die tragende Mitte. Und sie verbindet alle anderen Körperteile untereinander und miteinander. Das heißt: Wenn du deine Wirbelsäule spürst, dann kannst du, erst indirekt und schließlich auch direkt, deinen ganzen Körper in seiner Gesamtheit spüren. Das ist auf alle Fälle schon einmal ein gutes Mittel gegen kopflose Panik. Außerdem umschließt deine Wirbelsäule das Rückenmark (wie du weißt, ist das ein Teil des zentralen Nervensystems mit enorm vielen Nervenfasern zum Gehirn und vom Gehirn – also eine riesige Datenautobahn). Im Yoga werden die Hauptenergiezentren (Chakren) entlang der Wirbelsäule angenommen.

Wenn du deine Wirbelsäule gegen einen festen Hintergrund lehnst und dabei etwas hin- und herbewegst, bewirkst du eine leichte Massage und eine Aktivierung von Nervenzellen. Dieser Reiz wird über die Nervenbahnen zum Gehirn weitergeleitet und führt dort zu einer Stabilisierung: Angst, Verzagtheit und Nervosität werden blockiert.

Deine Wirbelsäule zu spüren bedeutet, deine tragende Mitte zu erkennen, dich stark und mutig zu fühlen, dich »von Kopf bis Fuß« wahrzunehmen (statt kopflos zu sein oder den Boden unter den Füßen zu verlieren), dich wie ein Baum zu fühlen: beweglich und kraftvoll.
Ein ziemlich wirksames Rezept gegen Panik und Herzklopfen!

Übung 4

Schnäuzen

Diese Übung ist sehr effektiv.
Und ganz unauffällig – na ja, fast unauffällig.
Und lustig. Und auch lustvoll.
Immer wenn du einen Panikanfall bekommst oder die Angst in dir hochkriecht: Nimm ein Taschentuch und schnäuze deine Nase, so fest und wenn möglich so laut, wie du kannst.
Du kannst dir dabei vorstellen, dass du diesen ganzen Mist von Angst und Panik herausschnäuzt, ins Taschentuch hinein.
Das Taschentuch samt unerwünschtem Inhalt kannst du dann gleich noch zusammenknüllen und wegwerfen.
Raus damit und weg damit.
Und gleich noch mal: schnäuzen.
Tätärätäääh!!!

Emily hat noch eine besondere Idee: Sie drückt danach fest mit dem Fingernagel auf die Oberlippe, unter den Nasenansatz. Da sitzt der Rescue-Point (der Erste-Hilfe-Punkt bei der Ohnmacht). Autsch, das wirkt!

Warum »Schnäuzen« hilft

Beim Schnäuzen passiert gleich mehreres: Erstens aktivierst du deine Hand für eine ganze Reihe von fein aufeinander abgestimmten Bewegungen (durch diese willkürliche Handbewegung wird in deiner Großhirnrinde ein großer Bereich aktiviert und die Aufmerksamkeit vom Panikprogramm abgelenkt).

Zweitens umfassen deine Finger deine Nase und drücken sie ein wenig: Das ist wie eine kleine Massage. Dieser angenehme Nervenreiz wird ins Gehirn weitergeleitet und wirkt dort im Rahmen des Ablenkungsprogramms beruhigend.

Für das Schnäuzen selber braucht es bestimmte Muskeln im Gesicht, die in der Großhirnrinde aktiviert werden – schon wieder bewusste Gehirnaktivität auf Kosten des unbewussten Angstprogramms!

Und dann noch das Geräusch des Schnäuzens: Tätärätäääh!!! Der Hörnerv nimmt diesen Trompetenton auf und leitet ihn in das Hörareal des Gehirns. Dieser Ton stimuliert das Gehirn enorm und lenkt von Panikgefühlen ab.

Und die Vorstellung, den ganzen Angst- und Panikschmutz hinauszuschnäuzen und wegzuwerfen – da musst du doch gleich schmunzeln, oder nicht? Dieses Lächeln wird von deinen Nervenbahnen weitergeleitet bis hin zu den Angst- und Panikarealen, die sich dadurch beruhigen (und sie werden ja auch ein bisschen ausgelacht und müssen sich geradezu schämen). Also, viele Taschentücher her und die Nase ausschnäuzen!

Und zu Emilys Idee mit dem Nasendrücken: Das wird auch in der Akupressur gemacht.

Übung 5

Duft atmen

Eine wunderbare Übung, die Wunder wirkt.
Atme ganz tief den Duft einer Rose ein.
Ganz tief.
Und dann atme Lavendel ein.
Auch gaaanz tief.
Lass den Duft sacht durch deine Nasenlöcher ziehen. Lass den Duft tief hineintauchen in deine Lungenflügel und sich dort ausbreiten.
Aber lass ihn auch aufsteigen durch deine Geruchszellen bis in deinen Kopf, in dein Riechzentrum.
Rose und Lavendel. Aaaah.
Atme aufmerksam dreimal tief ein und wieder aus.
Ein kleines Fläschchen Rosenöl und Lavendelöl solltest du immer griffbereit bei dir haben.

Solltest du einen anderen Duft bevorzugen: okay!
Und solltest du aus irgendwelchen Gründen mal gar nichts riechen können: Stell dir den Duft einfach vor.

Mit Duftatmen kannst du ein Feuerwerk an guten Wirkungen erzielen.
Rose und Lavendel haben eine beruhigende Wirkung und werden deshalb gezielt in der Aromatherapie zur Harmonisierung des Nervensystems eingesetzt. Bei Nervosität, Herzklopfen, Angst und Unruhe kannst du also sofort (!) dein eigener Aromatherapeut sein. Dein Geruchssinn ist einer deiner aktivsten Sinne überhaupt: Tausende von Geruchsnervenfasern ziehen von der Riechschleimhaut der Nase ins Gehirn – und zwar schwerpunktmäßig zum Mandelkern und zur Großhirnrinde. Also in den Bereich der Emotionen und ihrer Verarbeitung. Wenn dort die beruhigende Duftwirkung von Rose und Lavendel ankommt, hat das einen stabilisierenden Effekt und die Angst- und Panikreaktionen können sich nicht durchsetzen.

- Mit Duftatmen kannst du die Tiefen deines Gehirns steuern und beruhigen.
- Die Aktivierung deines Geruchssinns trainiert dein Gehirn im Bereich Kognition – also Denken und Lernen.

Forscher haben bei Ursäugetieren festgestellt, dass die mit dem größten Geruchsnerv auch die größten Gehirne hatten. Man könnte also sagen: Riechen macht schlau. Und schlau ist es doch auf alle Fälle, Angst, Herzklopfen und Nervosität auszutricksen.

Sei schlau: Atme Duft auf jede mögliche Art: als Badezusatz, als Creme. Duftessen oder Dufttrinken ist auch prima: eine Tasse Rosentee, Lavendelmarmelade oder … mmh!

- Duft macht high!

Übung 6

Auf einem Bein stehen

Eine ganz einfache und wichtige Übung bei Angst und Panik:
Steh einfach auf einem Bein.
Eine Minute lang.
Dann wechsle auf das andere Bein.
Eine Minute lang.
Wenn du am Anfang noch unsicher bist und dir die Knie zittern: Dann hebe ein Bein einfach ein wenig an, damit zur Sicherheit die Zehenspitzen noch den Boden berühren, du aber schon auf dem anderen Bein ganz fest stehst – wie die ersten Übungen beim Balletttanzen.
Wenn du dann sicherer bist, dann sei auch mal übermütig: Hebe und strecke das Bein aus, dazu die Arme. Hurra!
Die Übung kannst du (fast) überall machen.

Vor allem immer dann, wenn ein Angst- oder Panikanfall dir den Boden unter den Füßen wegziehen will: Einbeinstand!

Warum »Auf einem Bein stehen« hilft

Dein Kleinhirn mag diese Übung sehr, denn es ist das Zentrum für das Gleichgewicht. Es wird superaktiv, wenn du auf einem Bein stehst. Und deine anderen Hirnbereiche, die für Emotionen wie Angst und Herzklopfen zuständig sind, sind in diesem Augenblick abgelenkt. Denn das Kleinhirn signalisiert ihnen, dass es gerade das körperliche Gleichgewicht wieder richtig einstellt. Und das wirkt sich auch auf das emotionale Gleichgewicht aus.

Wenn du deinen Körper in einem Panikanfall mit Gleichgewichthalten beauftragst und auf einem Bein stehst, dann versucht auch dein Gehirn, deinen Geist in ein entsprechendes Gleichgewicht zu bringen.

Du kannst dabei noch rückwärts zählen – aber mindestens von 24 bis 0. Dein Gehirn ist dadurch völlig vom Angstanfall abgelenkt – es hat ja schließlich genug damit zu tun, auf einem Bein zu stehen, mal auf dem rechten, mal auf dem linken, gleichzeitig rückwärts zu zählen – und irgendwie ist das Ganze ja auch lustig. Da ist einfach kein Platz mehr für Angst. (Professionelle Seiltänzer können sich Angst schließlich auch nicht leisten.)

Übung 7

Mit den Fingern schnippen

Eine ganz einfache Übung!
Und sie macht so viel Spaß!
Schnippe einfach mit deinen Fingern, und zwar der Reihe nach:
Der Daumen schnippt mit dem Zeigefinger, mit dem Mittelfinger, mit dem Ringfinger, mit dem kleinen Finger, und zwar so laut wie möglich – sodass du es richtig hören kannst: schnipp, schnapp, schnipp, schnapp.
Erst Schnippen mit der rechten Hand, dann Schnippen mit der linken Hand.
Alle Finger kommen dran: schnipp, schnapp.
Und dann immer abwechselnd: rechter Daumen mit rechtem Zeigefinger, linker Daumen mit linkem Zeigefinger, rechter Daumen mit rechtem Mittelfinger, linker Daumen mit linkem Mittelfinger …
Schnipp, schnapp, schnipp, schnapp.

Warum »Mit den Fingern schnippen« hilft

In deinem Gehirn ist ein großer Bereich für die Beweglichkeit der Hände reserviert. Wenn du also deine Hände bewegst – und Fingerschnippen erfordert viel Konzentration und Geschicklichkeit –, können andere Bereiche im Gehirn, in denen gerade das Panikprogramm abgespielt werden soll, weniger punkten – sie sind nicht interessant und werden vergessen, nicht wahrgenommen.
Deine motorische Großhirnrinde ist sehr mächtig und jederzeit bereit, die Macht an sich zu reißen – und durch ihre bewussten Aktionen werden Angstgefühle klein gehalten.
Wenn du noch deine Ohren spitzt und darauf achtest, dass du das Schnippen deiner Finger hörst, dann aktivierst du auch noch deinen Hörnerv, der von den Gehörknöchelchen in deinem Ohr aktiviert wird und im Gehirn weit entfernt von den Panikbereichen endet. Dieser Hörnerv füttert seine Gehirnareale mit allen akustischen Signalen, die er nur irgendwie bekommen kann. Auch dadurch wird das Panikprogramm in den Hintergrund gedrängt.
Durch den Wechsel zwischen rechts und links kommt es zu einem zusätzlichen Effekt: bilaterales Stimulieren. Das ist eine Methode aus der Traumatherapie – und warum sollst du die nicht für dich selbst anwenden?
Das mag der aufgeregte Mandelkern sehr gern: Das ist wie ein Wiegenlied zur Beruhigung.
Also mach Fingerspiele.

- Du kannst jedes Schnipp und jedes Schnapp noch mit Schnauben kombinieren: ein reichhaltiges Unterhaltungsprogramm für das Gehirn gegen das Panikstörprogramm.

Übung 8

Licht an und Augen auf

Eine schöne Übung. Und ganz einfach.
Stell dir vor, du hast auf deiner Stirn eine große Lampe. Eine starke Halogenlampe, die jedes Dunkel ausleuchten kann.
Und nun wende deinen Kopf etwas von rechts nach links, und von links nach rechts, und wieder von rechts nach links …
Lass deine Augen dabei mitgehen – von rechts nach links, und von links nach rechts …
Du kannst mit dieser Lampe auch ganz dunkle Ecken ausleuchten.
Du kannst den Lichtkegel noch etwas schärfer einstellen, noch etwas heller.
Und wieder bewegt sich dein Kopf dabei hin und her, deine Augen gehen mit und schauen ganz genau und aufmerksam.
Jetzt wird es ganz hell.
Du siehst klar.

Angst und Panik schränken deine Sinne ein. Du kannst nichts mehr hören, nichts mehr richtig sehen (die Lichter gehen im wahrsten Sinn des Wortes aus), du bist nur noch ganz Gefühl: Angst und Panik. Auch in deinem Gehirn sind jetzt nur noch diese Emotionszentren in Betrieb.
Wenn du aber bewusst deine Augen aktivierst, aktivierst du auch deinen Sehnerv für das, was um dich herum ist. Dadurch kann er neue Signale an dein Gehirn weiterleiten.
Wenn du nun auch noch deine Augen hin- und herwandern lässt, von rechts nach links und von links nach rechts, so machst du wieder »bilaterales Stimulieren«.
Durch das aktive Schauen und das Hin-und-Herwandern deiner Augen kannst du dich wunderbar beruhigen und in deinem Gehirn für Ordnung sorgen.

Warum »Licht an und Augen auf« hilft

Die Vorstellung der Stirnlampe samt Intensivbeleuchtung hat noch einen besonderen Effekt: Aktivierung des dritten Auges zwischen den Augenbrauen. Im Yoga ist die Mitte der Stirn der Sitz des zweiten Chakra – ein energetisches Zentrum, ein Ort für besondere Wahrnehmungen, »das erleuchtete Auge des Herzens«. Und das brauchst du nun wirklich in Augenblicken von Herzklopfen und Angst: Energie und Erleuchtung (oder die Erkenntnis, dass dir dein Mandelkern einen bösen Streich spielen will und du das Ganze aber durchschaust und dagegenhältst).

- Wenn du diese Übung noch mit Schlürfatmen* oder Summen* aus dem Buch *Kopf hoch* kombinierst: Supereffekt, Durchblick pur!

Übung 9

Breitbeinig gehen

Das ist nun wirklich kinderleicht: breitbeinig gehen. Denn so fangen alle Kinder zu gehen an: breitbeinig. Weil man da mit Sicherheit nicht umfallen kann.
Stell dich also erst mal breitbeinig hin* und dann geh los. Ein Schritt und noch einer und immer schön breitbeinig.
Verlagere dabei dein Gewicht von einer Seite zur anderen.
Und weiter: Der nächste Schritt breeeiiitbeinig und noch mal breeeiiitbeinig.
So macht es auch der Kapitän auf einem schwankenden Schiff bei hohem Seegang.
Immer schön breeeiiitbeinig gehen.

Solltest du aus irgendwelchen unerfindlichen Gründen einmal nicht losgehen können, dann kannst du dich wenigstens auf der Stelle breitbeinig hin- und herwiegen.
Oder im Sitzen.

Warum »Breitbeinig gehen« hilft

Breitbeinig gehen ist eine schöne Aufgabe für dein Gehirn.
Das Kleinhirn freut sich, denn es kann zeigen, wie schön es Gleichgewicht halten kann. Und es gibt die Meldung an das Großhirn weiter: Alles im Lot, weiter so, schön breitbeinig die Beine weiter bewegen und die Füße aufsetzen. Das Großhirn ist damit auch gut beschäftigt. Die beiden sind in einem aufmerksamen Dialog miteinander, und im Emotionszentrum können Gefühle wie Angst oder Herzklopfen sich dadurch nicht wichtigmachen oder durchsetzen. Außerdem kommt durch dieses breitbeinige Gehen eine wunderbare Schaukelbewegung zustande.

- Schaukeln beruhigt die Neuronen ungemein, das ist wissenschaftlich erwiesen.

Auch Mütter wissen instinktiv, dass sie ihre weinenden Babys ein bisschen schaukeln müssen, um sie zu beruhigen. Der Mandelkern, der sich vielleicht gerade noch furchtbar aufregen wollte, wird durch dieses langsame, breeeiiitbeinige Gehen in Ruhe geschaukelt. Das kannst du durch Summen* noch verstärken.

> Wenn du »Breitbeinig gehen« mit »Hände in die Hüften stemmen« kombinierst, dann hast du den ultimativen Mut-Gang entwickelt. Statt bibbernd in der Ecke zu stehen, kannst du mit dieser stabilen Mut-Gangart die Welt erobern. Auf gehts!

Übung 10

Handwechsel – Seitenwechsel

Diese Übung ist vielleicht erst ein bisschen ungewohnt. Aber machbar.
Wenn du Rechtshänder bist, dann macht jetzt deine linke Hand alles.
Und wenn du Linkshänder bist, macht jetzt deine rechte Hand alles.
Die Türklinke in die Hand nehmen und die Tür aufmachen, den Kühlschrank öffnen und die Milch (oder das Lavendeleis!) herausnehmen, den Wasserhahn auf- und zudrehen, Zähne putzen, das Licht anknipsen, SMS schreiben … na, einfach alles.
Fang mit den ganz einfachen Tätigkeiten an und steigere dich allmählich.
Mach es vor allem immer dann, wenn ein Anfall von Herzklopfen und Schweißausbruch daherkommt: Seitenwechsel!

Warum »Handwechsel – Seitenwechsel« hilft

In deinem Gehirn haben jede Funktion und jede Fähigkeit ihren festen Platz. Durch langes Üben und lange Gewohnheit nehmen sie vielleicht sogar etwas mehr Platz ein. Wenn du nun aber alte Gewohnheiten änderst, reagiert dein Gehirn sofort (!) mit Umbauprozessen. Bereits nach wenigen Tagen kann man in der Kernspintomografie sehen, dass die graue und die weiße Substanz im Gehirn sich bei einem Seitenwechsel der Handfunktionen mengenmäßig verändert. Eine Umstellung von rechts auf links und umgekehrt in deinem Körper bewirkt also auch in deinem Gehirn ganz schnell eine Umstellung. Dazu strengt sich allerdings dein Gehirn auch sehr an (es ist neugierig und fleißig). In dieser Zeit interessiert es sich kaum für andere Bereiche, die für lästige und hinderliche Emotionen wie Ängstlichkeit zuständig sind. Das Gehirn muss sich einfach in diesem Augenblick mehr auf neue Aufgaben konzentrieren.

- Musteränderung braucht Konzentration.
- Konzentration lenkt von Panik ab.
- Konzentration macht dich klarer und bewusster.

Du kannst dich also ganz unauffällig von Angst und Panik ablenken, indem du in diesem Augenblick einfach die Tätigkeit, die du sowieso gerade machen wolltest oder musstest, mit der anderen Hand machst. Oder mit dem anderen Arm. Vor allem macht es Spaß. Und Spaß haben und lustig sein ist wirklich die beste Medizin gegen Herzklopfen und Angstgefühle. Ohne Risiko und ohne Nebenwirkung!

Übung 11

Trommeln

Und weil du gerade schon bei den Händen bist: Wie wäre es mal mit Trommeln?
Mit den Händen auf den Tisch trommeln oder auf die Oberschenkel oder …
Trommel mal ganz leise, mal ganz laut, mal schnell, mal langsam, trommel mal fest, mal zart.
Trommel nur mit den Fingerspitzen oder mit einzelnen Fingern, trommel mal mit der ganzen Hand.
Zugegeben, das laute und feste Trommeln ist nicht gerade unauffällig – das kannst du aber gut allein in einem Zimmer machen (oder du findest jemanden, der gleich voller Begeisterung mitmacht).
Aber das leise und zarte Trommeln, das geht praktisch immer, besonders dann, wenn deine Hände auf deine Oberschenkel trommeln – unter dem Tisch, so ein bisschen versteckt, diskret.

Trommeln hat viele gute Effekte.
Deine beiden Hände bewegen sich abwechselnd und gleichzeitig, das bedeutet für das Gehirn Aufmerksamkeit für die rechte und die linke Seite, und das auch noch in einem Rhythmus – eine anspruchsvolle Aufgabe. Wenn du nun den Takt änderst oder die Intensität, dann sind noch mehr Areale in deinem Großhirnbereich beschäftigt. Die Emotionsareale kommen dabei zu kurz, denn das Gehirn muss sich jetzt im wahrsten Sinn des Wortes mit etwas Handfestem beschäftigen: im Rhythmus trommeln. Dein Gehörnerv ist dabei auch beschäftigt mit dem Verstehen, Koordinieren und Verarbeiten der Töne.

- Durch die Abwechslung zwischen rechter und linker Seite, sowohl mit Klopfen als auch Hören, machst du schon wieder bilaterales Stimulieren.

Du kannst noch Variationen einbauen: einen ruhigen Rhythmus klopfen, zum Beispiel eine ruhige Herzfrequenz mit 50 bis 60 Klopfzeichen pro Minute.
Du kannst auch deine ganze Wut und Ungeduld rausklopfen. Probier's mal mit den Fäusten. Das ist eine kleine Kraftanstrengung, aber genau die lässt dich auch endlich wieder deine Körperkraft spüren.

Übung 12

Die Zunge bewegen

Zunge bewegen geht immer. Beim Sprechen, beim Essen und Trinken sowieso.
Du kannst deine Zunge aber auch spazieren gehen lassen in deinem Mund: von rechts nach links, von oben nach unten, über die Zähne, zum Oberkiefer, zur Innenseite deiner Wangen, zum Unterkiefer. Du kannst sie auch herausstrecken, über deine Lippen gleiten lassen oder sie aufrollen.

Du kannst das ganz unauffällig machen, mitten unter Menschen.
Du kannst dich aber auch vor einen Spiegel stellen und es ganz intensiv machen und dabei ein bisschen Grimassen schneiden.
Oder versuchen, mit aufgerollter Zunge zu sprechen. Das ist lustig!
Oder der Angst und der Panik die Zunge herausstrecken: Bääähh! Äääätsch!
Und da musst du erst recht lachen!

Warum »Die Zunge bewegen« hilft

Deine Zunge ist wirklich ein tolles Teil. Sie ist für dein Leben ganz wichtig. Du brauchst sie, um zu sprechen und dich verständlich zu machen, du brauchst sie, um dich zu ernähren – schon als Baby hast du sie zum Saugen gebraucht. Du brauchst deine Zunge auch, um überhaupt Freude am Essen zu haben, denn sie ist für das Schmecken zuständig. Und sie hat einen ganz feinen Tastsinn (deshalb hast du als Baby gern alles in den Mund gesteckt). Mit deiner Zunge hast du schon viele gute Erfahrungen gemacht.
Zur Zunge gehören vier Nerven. Sie ziehen von der Zunge ins Gehirn und vernetzen sich dort mit vielen anderen Nerven. Ihr eigentliches Zuhause ist der Hirnstamm: Sie sind Nachbarn vom Mandelkern.

Wenn du nun deine Zunge bewegst, wenn du sie etwas erleben lässt und darauf deine Aufmerksamkeit konzentrierst, bist du viel weniger mit ängstlichen Gefühlen beschäftigt. Vor allem lockert sich die Angstspannung, die sich oft im Mund festsetzt.
Und wenn du deine Zunge über deine Zähne wandern lässt und dabei deren Festigkeit spürst, dann kannst du auch plötzlich wieder Zähne zeigen und den richtigen Biss bekommen statt Zähneklappern.
Oder Grimassen vor dem Spiegel schneiden oder komisch sprechen: Da musst du irgendwann lachen.
Und Lachen lockert im Gehirn die Emotionszentren und vertreibt Sorgen und Ängste besser als jede Beruhigungstablette.

Übung 12 ½

Brust reiben/klopfen

Noch so eine einfache Übung.
Die kannst du auch:
Leg deine Hand auf deine Herzgegend, da, wo du deinen Herzschlag am deutlichsten spüren kannst.
Und jetzt beginne mit langsamen, ruhigen, kreisenden Bewegungen.
Du kannst mit der flachen Hand auch ganz zart auf deine Herzgegend klopfen, am besten zwischen 50- und 60-mal pro Minute.
Nimm dir dafür den Sekundenzeiger einer Uhr als Taktgeber.
Du kannst auch Klopfen und Massieren im Wechsel machen.
Immer schön ruhig und gleichmäßig.
Vielleicht hast du auch einmal genug Zeit und Muße und bist ganz für dich: Dann nimm etwas Rosenöl oder Lavendelöl zum Massieren deiner Herzgegend.
Vor allem aber: Berühre deine Herzgegend liebevoll!

Warum »Brust reiben/ klopfen« hilft

Natürlich sind auch in deinem Herzen viele Nervenstrukturen: Sie sind teilweise für die Herzfrequenz und teilweise für die Muskelkraft – das Pumpen des Blutes – zuständig. Wichtig ist dabei der Vagusnerv (lateinisch: umherschweifender Nerv). Er ist der zehnte Hirnnerv, kommt aus dem Hirnstamm, schiebt sich durch eine kleine Öffnung in der Schädelbasis und wandert vom Kehlkopf und der Speiseröhre bis zum Herz. Dort ist er vor allem für die ruhige (!) Herzfrequenz zuständig.
Diesen Vagabunden kannst du einfangen, indem du deine Hand über deine Herzgegend legst. Du kannst einen Dialog mit ihm beginnen: Du achtest erst auf deine Herzschlagfrequenz, und wenn dir die zu schnell ist (weil du Angst hast und nervös bist), beginnst du mit dieser ruhigen Massage oder dem ruhigen Klopfen. Diesen Rhythmus spürt dein Vagusnerv und übernimmt ihn: Dein Herz beginnt ruhiger zu schlagen. Aber – und das ist das Beste – er leitet diesen Rhythmus zurück ins Gehirn bis zu den Emotionszentren, die sich durch deinen beruhigten Herzschlag auch wieder beruhigen.

Liebevolle Berührung führt zu direkter Entspannung und zur Ausschüttung des Hormons Oxytocin, das Stresshormone abbaut und mit Gefühlen wie Liebe und Ruhe in Verbindung gebracht wird. Dein Gehirn interpretiert Berührung als Zeichen der Verbundenheit mit dir selbst und als Erleichterung von Sorgen und Problemen. Die Zentren in deinem Gehirn, die für Problemlösungen zuständig sind, entspannen sich.
Sanfte Berührung erzeugt unmittelbar Vertrauen und Wohlbefinden.

Tatsachen

Angst und Panikgefühle sind eine normale Reaktion in gefährlichen Situationen. Wenn sie aber ohne besonderen Anlass, aus völligem Wohlbefinden heraus auftreten, führen sie schließlich zu einer Änderung im Denken und Verhalten und beeinträchtigen die Lebensqualität und die Gesundheit (das Risiko, eine Gefäßarteriosklerose zu entwickeln, ist deutlich erhöht).

Angst- und Panikstörungen können schon bei Kindern auftreten. Etwa 20 Prozent der Bevölkerung sind davon betroffen – Tendenz steigend. Es lohnt sich also, Mut und Gelassenheit zu trainieren.

Vorbeugen ist besser als heilen – das sagte schon Hippokrates vor 2 400 Jahren.

Deshalb: Lebe wohl!

- Lass dir von der Angst nichts gefallen!
- Sage zur hinderlichen/falschen Angst: »Verschwinde!«.
- Dein Kopf und dein Körper sehnen sich nach Lebensmut.
- Sprich ermutigende Sätze zu dir wie »Ich schaff das, ich schaff das.« oder »Das wird schon, das wird schon.« Denn das ist die Wahrheit!

Du kannst das, du hast das Zeug dazu.

- Du bist nie allein, du hast dich als inneren Freund (und du hast alle meine guten Gedanken und Wünsche, die dich begleiten).
- Hab Mut zu leben!
- Auf gehts!

Zur Autorin

© Beatrix Heiloway

Dr. med. Claudia Croos-Müller ist Fachärztin für Neurologie, Nervenheilkunde und Psychotherapie in eigener Praxis und ehem. Chefärztin am RoMed Klinikum Rosenheim. Sie ist Europa-zertifizierte EMDR-Therapeutin und Traumatherapeutin. Die von ihr entwickelte BODY 2 BRAIN CCM® Methode beinhaltet einfach erlernbare Körperübungen, die zu einer sofort spürbaren emotionalen Regulierung und Stabilisierung führen. Die Liebe zur Neurowissenschaft und ihren Patientinnen und Patienten waren der Beginn dieses Weges. www.croos-mueller.de

»Nur Mut!« – das war schon immer das Motto der Autorin.

Zum Illustrator

© Andrea Köhler

Kai Pannen studierte Malerei und Film in Köln. Seit 1990 arbeitet er als Illustrator und Trickfilmer. Ein Schwerpunkt seiner Tätigkeit ist die Buchillustration. Für den Kösel-Verlag zeichnete er u. a. für die Bücher *Kopf hoch* und *Olga*, welches unter seiner Regie als Trickfilm umgesetzt wurde. Kai Pannen lebt und arbeitet in Hamburg.
www.kaipannen.de

Lust auf mehr? Die BODY 2 BRAIN CCM® Ratgeber

Ausgewählte Übungen
für schwierige emotionale
Momente in der kosten-
losen App »Body2Brain«.

BODY 2 BRAIN CCM® ist eine eingetragene und geschützte Marke für eine verhaltens-therapeutische körperorientierte Methode. Eine wie auch immer geartete nicht private Nutzung ist ohne entsprechende Ausbildung nicht erlaubt und stellt einen Verstoß gegen das Markenrecht dar (§ 4 MarkenG). Die Methode und die in diesem Buch vorgestellten Übungen können kein Ersatz für eventuell notwendige Therapien bei schweren Erkrankungen sein, sondern sind zur Ergänzung und Unterstützung gedacht. Sie dienen der Alltagsbewältigung und als vorbeugende Maßnahme im Sinne einer »Psychohygiene« und Selbstfürsorge, die jede Frau und jeder Mann in irgendeiner Form regelmäßig praktizieren sollte.

Danke für alle Anregungen
Wilfried Müller, dem unerschrockenen Ehemann, Gerhard Plachta und dem gesamten Kösel-Team, Julie Henderson für Inspiration und immer und vor allem all meinen Klientinnen und Klienten in vielen gemeinsamen Stunden und mutigen Unternehmungen.

MIX
Papier | Fördert gute Waldnutzung
FSC® C011124
www.fsc.org

Penguin Random House Verlagsgruppe FSC® N001967

17. Auflage 2025

in der Penguin Random House Verlagsgruppe GmbH,
Neumarkter Straße 28, 81673 München
produktsicherheit@penguinrandomhouse.de
(Vorstehende Angaben sind zugleich Pflichtinformationen nach GPSR.)

Umschlag: Monika Neuser, München
Umschlagmotiv und Illustrationen:
Kai Pannen, Hamburg, www.kaipannen.de
Druck und Bindung: Mohn Media
Mohndruck GmbH, Gütersloh
Printed in Germany
ISBN 978-3-466-30945-0
www.koesel.de